BEI GRIN MACHT SICH IHR WISSEN BEZAHLT

- Wir veröffentlichen Ihre Hausarbeit, Bachelor- und Masterarbeit

- Ihr eigenes eBook und Buch - weltweit in allen wichtigen Shops

- Verdienen Sie an jedem Verkauf

Jetzt bei www.GRIN.com hochladen und kostenlos publizieren

Bibliografische Information der Deutschen Nationalbibliothek:

Die Deutsche Bibliothek verzeichnet diese Publikation in der Deutschen Nationalbibliografie; detaillierte bibliografische Daten sind im Internet über http://dnb.d-nb.de/ abrufbar.

Dieses Werk sowie alle darin enthaltenen einzelnen Beiträge und Abbildungen sind urheberrechtlich geschützt. Jede Verwertung, die nicht ausdrücklich vom Urheberrechtsschutz zugelassen ist, bedarf der vorherigen Zustimmung des Verlages. Das gilt insbesondere für Vervielfältigungen, Bearbeitungen, Übersetzungen, Mikroverfilmungen, Auswertungen durch Datenbanken und für die Einspeicherung und Verarbeitung in elektronische Systeme. Alle Rechte, auch die des auszugsweisen Nachdrucks, der fotomechanischen Wiedergabe (einschließlich Mikrokopie) sowie der Auswertung durch Datenbanken oder ähnliche Einrichtungen, vorbehalten.

Impressum:

Copyright © 2015 GRIN Verlag, Open Publishing GmbH
Druck und Bindung: Books on Demand GmbH, Norderstedt Germany
ISBN: 978-3-668-05287-1

Dieses Buch bei GRIN:

http://www.grin.com/de/e-book/307116/das-problem-der-stabilitaet-sprecherfluktuation-und-sprachwandel-im-berlinischen

Anonym

Das Problem der Stabilität. Sprecherfluktuation und Sprachwandel im Berlinischen

GRIN Verlag

GRIN - Your knowledge has value

Der GRIN Verlag publiziert seit 1998 wissenschaftliche Arbeiten von Studenten, Hochschullehrern und anderen Akademikern als eBook und gedrucktes Buch. Die Verlagswebsite www.grin.com ist die ideale Plattform zur Veröffentlichung von Hausarbeiten, Abschlussarbeiten, wissenschaftlichen Aufsätzen, Dissertationen und Fachbüchern.

Besuchen Sie uns im Internet:

http://www.grin.com/

http://www.facebook.com/grincom

http://www.twitter.com/grin_com

Universität Potsdam
Philosophische Fakultät
Institut für Romanistik
Seminar: Stadtsprachenforschung:
Spanische und Italienische Varietäten in den Amerikas
Sommersemester 2015

Das Problem der Stabilität.
Sprecherfluktuation und Sprachwandel
im Berlinischen

	Seite
1. Dialekt & Standardsprache	
1.1 Dialekt	1
1.2 Standardsprache	1
2. Berlinisch als Stadtsprache	2
3. Der Berliner Dialekt heute	4
4. Code-Switching & Code-Mixing	
4.1 Code-Switching	6
4.2 Code-Switching im Berlinischen	8
4.3 Code-Mixing	9
5. Literaturverzeichnis	10

1. Dialekt und Standardsprache
1.1 Dialekt

Den Dialekt kann man als die diatopische Varietät einer Sprache in einem Sprachraum bezeichnen. Die verschiedenen Sprachräume grenzen sich lokal oder regional voneinander ab, wodurch eine Verschiedenheit im Raum besteht. Dialekte kommen an verschiedenen Orten eines Sprachgebiets vor.[1] Sie sind daran zu erkennen, dass sie sich laut der Sprachwissenschaft in verschiedenen Bereichen von der Standardsprache unterscheiden. Hierbei sind die Bereiche der Idiomatik, der Syntax, der Lexik, der Morphologie und der Phonologie zu beachten. Viele unserer heutigen Standardsprachen gehen auf die Dialekte zurück. Auch daher ist der Dialekt nicht minderwertig in Bezug auf das Lautsystem und die Grammatik zu betrachten, denn wie soeben beschrieben, kann sich der Dialekt im Ausbau zur Standardsprache entwickeln. Da sich ein Dialekt meist aus verschiedenen Sprachvarietäten heraus bilden kann, kann auch er über umfangreiche literarische Traditionen verfügen.[2] Jedoch ist ein bestimmter Dialekt durch geographische Daten abgrenzbarer Sprachgemeinschaften eher gering ausgedehnt und leicht einzugrenzen.

1.2. Standardsprache

Die Standardsprache, auch als gesprochene Standardsprache bekannt, ist hingegen überregional einzuordnen. Darunter ist die „[...]normgerechte Realisierung der deutschen Aussprache [zu verstehen]."[3], auch als Hochdeutsch bekannt, wie sie in Wörterbüchern wie zum Beispiel dem Duden oder dem Brockhaus zu finden ist. Natürlich kann die gesprochene Standardsprache, so wie sie in den Wörterbüchern, als Regel festgelegt ist in der Praxis variieren, denn „[e]in ‚akzentfreies lautreines' Hochdeutsch gibt es nicht."[4] Durch die soziale Bedingtheit in der Bundesrepublik Deutschland jedoch ist besonders in sozial niederen (meist ländlichen) Gebieten, die gesprochene Standardsprache eher dialektal einzuordnen, was dazu führt, dass der Dialekt teilweise schon als Soziolekt[5], durch Raum und soziale Schicht bedingt, bezeichnet werden kann. Die ´reine´ gesprochene Standardsprache, wird in Abgrenzung dazu eher in Mittel- und Oberschicht gebraucht.[6]

---
1 Vgl. Kabatek: Spanische Sprachwissenschaft, S. 226- 230.
2 Ebd. S.226- 230.
3 Schönfeld: Berlinisch heute, S. 42.
4 Ebd. S. 42.
5 Sprachgebrauch einer sozialen Gruppe (z. B. Berufssprache, Jugendsprache) in
http://www.duden.de/rechtschreibung/Soziolekt
27.04.2015.
6 Vgl. Studienbuch Linguistik, S. 347

2. Berlinisch als Stadtsprache - Geschichte, Verstädterung, sprachliche Entwicklung

Die einstigen Siedlungen Cölln und Berlin wachsen im 13. Jahrhundert zu einer Stadt zusammen[7], 1244 kommt es zur ersten urkundlichen Erwähnung Berlins.[8]

Im Grenzraum zweier wendischer Volksgruppen (Heveller, Spreewanen) entwickeln sich noch heute bekannte sprachliche Relikte aus slawischer Besiedlung, wie beispielsweise Teltow, Spandau, Lanke und Kiez.[9]

Die niederdeutsche Mundart, das Plattdeutsche, gilt als älteste gesprochene Sprache der Berliner Bürger.[10] Heute ist der Großteil des Niederdeutschen aus dem Berlinischen verschwunden, jedoch zeichnet es sich noch in 'ick', 'wat' und 'det' ab.[11]

Durch die verkehrsgünstige Lage an der Havel liegt Berlin auf vielen Handelswegen[12], was die Mitgliedschaft bei der Hanse ermöglicht. Dabei verfestigt sich das Mittelniederdeutsche, denn es wird sich an der prestigereichen Hansesprache des Nordens orientiert. Der Wechsel vom Niederdeutschen zum Hochdeutschen ist Ende des 14. Jahrhunderts abgeschlossen.[13] Allerdings zieht der Niedergang der Hanse im 16. Jahrhundert entscheidende Veränderungen für das Berlinische nach sich. Die Sprecher orientieren sich nun aufgrund Handelsbeziehungen an den ostmitteldeutschen Sprachgebieten wie Meißen, Dresden und Leipzig.[14] Durch Luthers Bibelübersetzung wird das moderne Neuhochdeutsch verbreitet, welches eine gemeinschaftliche Orientierung ermöglicht. Es ist die Norm und gleichzeitig der Kompromiss zwischen niederdeutschen und hochdeutschen Mundarten.[15]

Diese Neuorientierung führt zum Überschichtungsprozess: aus dem mittelniederdeutschen Sprachgebrauch, der ostmitteldeutschen Schriftsprache und der obersächsischen Umgangssprache entwickelt sich allmählich die Berliner

---

7 Vgl. Entstehung Berlins: http://www.berlin.de/775/stadt-im-mittelalter/2724-2254-berlin-eine-stadt-entsteht.html. 8   Vgl. Schlobinski: Stadtsprache Berlin, S. 5.
9   Vgl. Schlobinski: Stadtsprache Berlin, S. 5.
10 Vgl. Dittmar: Grundlagen der Soziolinguistik, S. 194.
11 Vgl. Schlobinski: Stadtsprache Berlin, S. 15.
12 Vgl. Schlobinski: Stadtsprache Berlin, S. 5.
13 Vgl. Schlobinski: Stadtsprache Berlin, S. 6.
14 Vgl. Schlobinski: Stadtsprache Berlin, S. 6.
15 Vgl. Schlobinski: Stadtsprache Berlin, S. 7.

Varietät.[16] Somit durchläuft das Berlinische dynamische und organische Sprachwandelprozesse.[17]

1504 wird die hochdeutsche Schriftsprache als Verwaltungssprache eingeführt.[18] Allerdings begründet das keine einheitliche Sprache im Alltagsleben, denn es werden weiterhin unterschiedliche Varietäten am Hofe, in der Stadt und in den unteren Schichten genutzt.[19]

Das Niederdeutsche, welches noch immer Verwendung findet, entwickelt sich währenddessen Ende des 16. / Anfang des 17. Jahrhunderts zum Soziolekt der Unterschicht. Also zu einem Dialekt, der nur in bestimmten sozialen Bereichen anzutreffen ist. Von dort aus setzt sich das Berlinische als Alltagssprache der bürgerlichen Oberschicht durch.[20] Nach und nach entsteht eine Stadtsprache mit zahlreichen Mundartmerkmalen, welche sich allmählich zu einer städtischen Umgangssprache mit lokalen Besonderheiten entwickelt.[21]

Zum Ende des 18. Jahrhunderts fordert die Dominanz der Kultursprachen Latein und Französisch die Verfeinerung der Landessprache.[22] Dies bewirkt die „[...] rückläufige Entwicklung; gleichzeitig wird die Unterschicht, die das Niederdeutsche am längsten bewahrt hatte, zum Hauptträger des Berlinischen."[23]

Immer mehr zeichnen sich die Auswirkungen der Industrialisierung auch in Berlin ab. 1871 wird Berlin zur Reichshauptstadt und zur Residenz des deutschen Kaisers; neue Handelswege werden erschlossen und die Industrie wird aufgebaut[24]; bereits Mitte des 19. Jahrhunderts ist Berlin die größte Stadt Deutschlands und gilt als Zentrum der Aufklärung und sozialen Bewegungen.[25] Die ehemalige Residenz - und Handelsstadt wandelt sich zum größten industriellen Ballungsgebiet. Auf den steigenden Druck durch die enorme Zuwanderung vor allem durch Industriearbeiter, aber auch durch Angehörige der bürgerlichen Mittelschicht, die auf bessere Berufsaussichten hoffen, muss mit umfangreichen Wohnungs-baumaßnahmen reagiert werden. Während sich proletarische Wohnquartiere vorwiegend im Norden

---

16 Vgl. Schlobinski: Stadtsprache Berlin, S. 4/7.
17 Vgl. Dittmar: Grundlagen der Soziolinguistik, S. 194.
18 Vgl. Schlobinski: Stadtsprache Berlin, S. 6.
19 Vgl. Schlobinski: Stadtsprache Berlin, S. 8.
20 Vgl. Schlobinski: Stadtsprache Berlin, S. 8.
21 Vgl. Dittmar: Grundlagen der Soziolinguistik, S. 194.
22 Vgl. Schlobinski: Stadtsprache Berlin, S. 9.
23 Schlobinski: Stadtsprache Berlin, S. 9.
24 Vgl. Schlobinski: Stadtsprache Berlin, S. 9.
25 Vgl. Urbanisierung im Deutschen Reich: www.dhm.de.

und Osten der Stadt konzentrieren, entstehen unter anderem in Grunewald, Wannsee, Dahlem und Tiergarten Stadtvillen. Die dynamische Großstadt Berlin präsentiert sich.[26]

Durch die Verstädterung entwickelt sich der Berliner Dialekt zu einem Stadtdialekt. In der ersten Hälfte des 19. Jahrhunderts ergeben sich neue Sprachebenen, wobei viele alte Elemente bewahrt, einige abgelegt und neue geschaffen werden.[27] Um 1830 ist in etwa der heutige Stand erreicht, insbesondere die Lautung betreffend.[28]

1920 entsteht die Gemeinde Groß-Berlin, es erfolgt, die heute noch existente Einteilung in 20 Bezirke.[29] Durch die Teilung der Stadt 1963-1989 ergibt sich auch eine geteilte Kommunikationsgemeinschaft mit Auswirkungen auf die Weiterentwicklung des Berlinischen.[30]

Mittlerweile hat sich durch das Pendeln ins Umland das Berlinische auf fast ganz Brandenburg ausgedehnt und erweitert damit nicht nur den eigentlich regional begrenzten Sprachraum, es ergeben sich auch diastratische Überlappungen.[31]

3. Der Berliner Dialekt heute

Im Herbst 2014 führte das Meinungsinstitut Forsa im Auftrag der Gesellschaft für deutsche Sprache eine Umfrage zum Berliner Dialekt durch.[32] Dabei stellte sich heraus, dass 62% der Berliner Befragten hin und wieder berlinern. Hauptsächlich wird der Dialekt im Ost-Teil der Stadt gesprochen, sowie von Männern über 45, Befragten mit niedriger bis mittlerer Bildung und Alt-Berlinern (bereits vor 1990 in Berlin wohnhaft). Neu-Berliner (nach 1990 zugezogen) und Befragte mit höherem Bildungsabschluss (Abitur, Studium) tendieren eher weniger zum Berlinern.[33] Vorwiegend berlinert wird in Lichtenberg-Höhenschonhausen, Marzahn- Hellersdorf, Pankow, Reinickendorf, Spandau und Treptow-Köpenick, hingegen taucht das Berlinische in Friedrichshain-Kreuzberg und Mitte eher selten auf.[34] Die Akzeptanz

---

26 Vgl. Urbanisierung im Deutschen Reich: www.dhm.de.
27 Vgl. Dittmar: Grundlagen der Soziolinguistik, S. 195.
28 Vgl. Dittmar: Grundlagen der Soziolinguistik, S. 195.
29 Vgl. Schlobinski: Stadtsprache Berlin, S. 9.
30 Vgl. Schlobinski: Stadtsprache Berlin, S. 9.
31 Vgl. Dittmar: Grundlagen der Soziolinguistik, S. 195.
32 Vgl. Forsa: http://gfds.de/epub/berliner_dialekt.pdf, S. 3.
33 Vgl. Forsa: http://gfds.de/epub/berliner_dialekt.pdf, S. 4.
34 Vgl. Forsa: http://gfds.de/epub/berliner_dialekt.pdf, S. 5.

des Berliner Dialekts wird unterschiedlich wahrgenommen: 24% der Befragten empfinden eine Zunahme der Akzeptanz des Dialekts in der Stadt, 36% nehmen eine Abnahme wahr. Dieses Empfinden geht vor allem von unter 30-jährigen Berlinern aus sowie von Neu-Bürgern und Berlinern mit Hauptschulabschluss.[35] 50% der Bürger sind der Meinung, dass durch den Zuzug aus anderen Regionen der Berliner Dialekt verdrängt wird, jedoch stehen dem 47% entgegen, die dies nicht glauben.[36] Dabei ist davon auszugehen, dass sich die unterschiedlichen Varietäten ganz natürlich gegenseitig beeinflussen und es so zu einer Weiterentwicklung des Berlinischen kommt sowie zu neuen und innovativen Varianten. Denn schließlich lebt die Sprache von dynamischen Sprachwandelprozessen. Dies könnte weiterhin zu einer erneuten Aufwertung des Berliner Dialekts führen. Zwar wird das Berlinische hauptsächlich assoziiert mit den Attributen 'schlagfertig', 'frech' und 'ehrlich', allerdings fast überhaupt nicht mit 'intelligent'.[37] Dies lässt die Vermutung zu, dass die Berliner Varietät noch immer stark als Soziolekt wahrgenommen wird, der von der bildungsfernen Bevölkerung verwendet wird.

Ein anzutreffendes Phänomen ist die Extension der Varietäten in den öffentlichen Medien. Beispielsweise steht die ARD für Norm und Konvention der deutschen Sprache (Hochdeutsch/Standarddeutsch), es wird Hochdeutsch gesprochen und dadurch für deutschlandweites Verständnis gesorgt. Gleichzeitig wird eine Orientierung für adäquate Sprachverwendung gegeben. Auf diesem öffentlich rechtlichen Sender lief 2002-2005 die deutsche Fernsehserie 'Berlin, Berlin'[38], in der berlinert wurde. Weiterhin existiert eine weitere Sendung, die Berlin und seine Bürger inklusive Dialekt repräsentiert (Berlin – Tag & Nacht). Aber auch im Radio wird mittlerweile mit "Berliner Schnauze" geworben, wie in der Werbe-Reihe: 'Mit Radio erreichen Sie immer die Richtigen. Radio. Geht ins Ohr. Bleibt im Kopf.' mit dem Beispiel:

Funkspot-Motiv »Warteschleife, Hilfestellung«

„Juten Tach, dit is Servicemitarbeiter Müller vonne Beschwerdehotline. Ick grüße alle 211 Kunden, die aktuell in unserer Warteschleife häng'. Leider isset unmöglich all

---
35 Vgl. Forsa: http://gfds.de/epub/berliner_dialekt.pdf, S. 7.
36 Vgl. Forsa: http://gfds.de/epub/berliner_dialekt.pdf, S. 8.
37 Vgl. http://gfds.de/epub/berliner_dialekt.pdf, S. 9.
38 Vgl. Berlin, Berlin: http://de.wikipedia.org/wiki/Berlin,_Berlin.

Ihre Probleme enzeln zu bearbeitn ja? Darum machen wir dit nun uff diesem Wech. Also: Wackelnse alle ma am Kabel. Drückense ma uff die Resetttaste. Dann ziehnse ma n Netzstecker und kieken ma, ob allet richtich anjeschlossen is, wa? Ick kann dit ja parallel och ma vormachen: Also, hier wackeln, da denn drücken und –d.." „Piep, Piep, Piep …".[39]

Anhand dieser Veranschaulichungen soll verdeutlicht werden, dass die Berliner Varietät äußerst präsent ist und immer mehr Einzug in deutsche Wohnzimmer hält und nach und nach präsenter in der Alltagssprache wird. Durch diesen unbewussten und schleichenden Prozess nimmt der Dialekt Einfluss auf das Standarddeutsch und unterstützt den stetigen Sprachwandelprozess.

4. Code- Switching und Code- Mixing

4.1 Code- Switching

Code- Switching, sowie code- mixing sind Sprachkontaktphönomene, welche in der Kommunikation mehrsprachiger, sowie dialekt- sprechender Personen auftreten können.[40] Code- Switching „[...] wird oft als der sanfte Wechsel zwischen zwei oder mehreren Sprachen angesehen, welcher durch mehrsprachige Personen vollzogen wird."[41] Mit sanftem Wechsel ist unter anderem gemeint, dass die Person, die sich des Systems des Code- Switchings bedient, den beiden oder mehreren Sprachen überlegen ist, sie also sehr gut bis perfekt beherrscht, da das System sehr strengen grammatisch geregelten Strukturen unterliegt. Ein Beispiel für diese Art von sprachlichem Wechsel ist laut des Sprachwissenschaftlers Poplack (1979) „[...]das Einsetzten von Interjektionen, Füllwörtern oder Redewendungen einer Sprache in einem Satz, der vollständig in einer anderen Sprache [geschrieben] ist."[42]

Man unterscheidet innerhalb des Systems zwischen metaphorischem und situativem Code- Switching. Ersteres ist auf das pragmatische Mischen zweier oder mehrerer Sprachen zurück zu führen und wird benutzt um bestimmte Effekte zu erzielen oder weitere Nachrichten in ein Gespräch einzufügen.[43] Hier ist folgendes Beispiel zu

---
39 Vgl. Abschriften: http://www.radiozentrale.de.
40 Vgl. Code- Switching, Müller, S. 22.
41 Ebd. S. 11.
42 Vgl. Ein Beispiel für spanisch-englisches Code-Switching?, Lopin, S. 12.
43 Ebd. S. 118.

nennen: Man wird in Berlin auf deutsch von einer, klar zu identifizierenden spanischsprechenden Person angesprochen und nach dem Weg gefragt. Auch aufgrund des Akzents kann man die Person als nicht muttersprachlich deutsch sprechend einstufen. Da man als Student der spanischen Philologie die spanische Sprache beherrscht und sich dafür interessiert, sie gerne spricht und hinzukommend dem anderen die Antwort erleichtern möchte, antwortet man auf spanisch. In dieser Situation stellt sich also, aufgrund des Code- Switchings heraus, dass erstens, die Person, welche nach dem Weg fragt, davon ausgeht, dass man selbst kein spanisch spricht und sie daher freundlich sein möchte, auch wenn es gegebenenfalls schwer fällt, und auf deutsch nach dem Weg fragt. Auch könnte man daraus ableiten, dass die spanisch sprechende Person gerade die deutsche Sprache erlernt und sich üben möchte. Der Gesprächspartner hingegen bemerkt die Unsicherheit in der deutschen Sprache und antwortet, in diesem Fall auch aus eigenem Interesse, die spanische Sprache üben zu können auf spanisch. Die weiteren Nachrichten in diesem Gespräch, in welchem es ursprünglich nur um die Frage nach dem Weg ging, sind in diesem Fall die persönlichen Beweggründe des antwortenden Gesprächspartners, welcher sich, aufgrund seines Studiums darin übt, die spanische Sprache zu sprechen.

Im Gegensatz dazu wird beim situativen sprachlichen Wechsel das Mischen [...]aufgrund von extra- linguistischen Faktoren zweier Sprachen, Gesprächsthema oder Gesprächspartner[...] [ausgelöst][44]. Auch hier lässt sich folgendes Beispiel nennen: Eine deutschsprachige Person unterhält sich mit einer Gruppe spanisch sprechender Personen, die auch das eine oder andere Wort deutsch sprechen, auf spanisch, da sie Studentin der spanischen Philologie ist. Ihre deutsche Schwester, welche kein Wort spanisch spricht, stößt hinzu und die zu Anfang auf spanisch sprechende Person wechselt zu deutsch, auch wenn langsam sprechend, damit alle Gesprächsteilnehmer sie verstehen können. In diesem Fall musste sich die deutschsprachige Person aufgrund des Gesprächspartnerwechsels umstellen und hat sich dem situativen Code- Switching bedient.

Generell lässt sich sagen, dass das Code- Switching, wie zuvor veranschaulicht wurde situationsabhängig ist. Es hängt von Umfeldern ab in denen sich die Personen

---

44 Vgl. Code- Switching, Müller, S. 22.

aufhalten. Ob am Arbeitsplatz, in der Familie, im Freundeskreis oder in der Schule, als zwei- oder mehrsprachige Person, welche die Sprachen jeweils gut beherrscht, bedient sie sich mehr oder weniger dem Code- Switching: „Wer so spricht, kann Anwesende aus- oder einschließen. Das Erleben einer gemeinsamen (Sprech-)Kultur verschaffe den Dazugehörigen dabei so etwas wie ein Heimatgefühl."[45]

Auch beim Dialekt sind solche Situationen zu beobachten: „Der plötzliche Wechsel in die Hochsprache kann eine Erzählung spannender machen oder einen Gefühlswechsel anzeigen."[46]

4.2 Code- Switching im Berlinischen

Das Berlinische „hangelt" sich laut den Sprachwissenschaftlern Dittmar und Schlobinski „[...]an einem Dialekt- Standard- Kontinuum entlang, deren Elemente eher unbewusst als bewusst wechseln."[47] Laut ihnen kann bei sprachlichen Wechselprozessen „[...]dem Berlinischen als einer stark sozial affizierten Varietät [...] ein hohes Bedeutungspotenzial zugeordnet werden, das von Rezipienten auch entsprechend interpretiert wird."[48] Es bezieht sich weniger auf das „Was"- von Äußerungen, als mehr auf das „Wie". Auch in der Dialektik wird daher eine rhetorisch- stilistische Fähigkeit von Sprechern vorausgesetzt. Wie schon in der Begriffsdefinition des Code- Switchings kurz erläutert, geht es auch im Berlinischen beim Sprachwechsel um Anpassung oder Abgrenzung. Wie bereits erwähnt, ist das Berlinische gerade in den westlichen Teilen Berlins bis heute nicht als besonders kompetent und gebildet angesehen. In den östlichen Teilen Berlins sowie im Umland Brandenburg ist es dagegen immer noch sehr stark vertreten. In diesen Teilen in und um Berlin kann der Berliner Dialekt dazu benutzt werden ein Zusammengehörigkeitsgefühl zu erzeugen, so zum Beispiel in der Schule oder bei Arbeitskollegen[49].

---

45 Vgl. Isch Thomas Mann, Strassmann: http://www.zeit.de/2014/27/linguistik-sprachforschung-code-switching.
46 Ebd.
47 Vgl. Wandlungen einer Stadtsprache. Berlinisch in Vergangenheit und Gegenwart, Schlobinski, S. 85.
48 Ebd.
49 Ebd. S. 85, 86.

In den westlichen Teilen hingegen wird das Berlinische, gerade in Mittel- und Oberschicht, eher als negativ konnotiert, wie folgendes Beispiel erläutern soll:

„Ein Arbeiter hat einen Fehler gegenüber seines Chefs zu verantworten:
Arbeiter: Chef, wat soll ick´n nu´ mach´n?
*Chef: Hättest du auf**je**paßt, wär das Ganze nicht passiert."*[50]

Der Arbeiter, welcher sich eindeutig dem Berlinischen, also dem Dialekt, bedient wird von seinem Chef, welcher sich der gesprochenen Standardsprache und damit der höher gestellten Sprache bedient, mit der Benutzung des *„je"* mehr oder weniger bloßgestellt. Dies geschieht daher, da sich der Chef, welcher sich normalerweise der höher bewerteten Varietät bedient in dem Beispiel in die niedriger bewertete Varietät abstuft, damit sein Angestellter ihn versteht.[51] Man könnte auch sagen, dass er davon ausgeht, dass sein Angestellter ihn, solange er in der Standardsprache kommuniziert, nicht versteht. In diesem Beispiel ist es besonders eindeutig, dass die außersprachlichen Determinanten des Code- Switching, in diesem Fall die emotionale Dimension, in der Dialektik und auch im Berlinischen eine große Rolle spielen.[52]

4.3 Code- Mixing

Das Code- Mixing im Unterschied zum Code- Switching beschreibt [...]alle gemischten Äußerungen, die keine pragmatischen oder grammatischen Regularitäten aufweisen[...].[53] Es geht zwar auch um die Mischung zweier Sprachen, jedoch wird sich keines bestimmten grammatischen System bedient. Der Sprecher wechselt viel mehr zwischen den verschiedenen Sprachsystemen der ihm bekannten Sprachen, dies jedoch nicht, da er die Sprachen besonders gut zu sprechen beherrscht, sondern vielmehr aus Kompetenzmangel. Die Vermischung der Sprachen hat in diesem Fall keine soziokommunikative Bedeutung. Die Sprachwissenschaftler beziehen sich auf die Mischung an sich und konzentrieren sich zunächst nicht auf die genauen Gründe dessen.[54]

---

50 Vgl. Wandlungen einer Stadtsprache. Berlinisch in Vergangenheit und Gegenwart, Schlobinski, S. 87.
51 Ebd. S. 88.
52 Ebd. S. 87.
53 Vgl. Sprachentrennung im frühen bilingualen Erstspracherwerb Französisch, Deutsch, Köppe, S. 21.
54 Vgl. Code- Switching, Müller, S. 24.

5. Literaturverzeichnis

Dittmar, Norbert (1997): *Grundlagen der Soziolinguistik – Ein Arbeitsbuch mit Aufgaben*. Tübingen: Max Niemeyer Verlag.

Kabatek, Johannes / Pusch, Claus D. (2011²): *Spanische Sprachwissenschaft – Eine Einführung*. Bachelor-wissen, Tübingen: Narr Verlag.

Köppe, Regina (1997): *Sprachentrennung im frühen bilingualen Erstspracherwerb Französisch, Deutsch*. Tübingen: Narr.

Linke, Angelika / Nussbaumer, Markus / Portmann, Paul R. (2004⁵): *Studienbuch Linguistik*. Reihe Germanistische Linguistik, Tübingen: Max Niemeyer Verlag.

Lopin, Marija (2008): *Spanglish - Ein Beispiel für spanisch-englisches Code-Switching?* Norderstedt: Grin Verlag.

Müller, Natascha et al. (2015): *Code- Switching. Spanisch Italienisch, Französisch*. Tübingen: Narr Verlag.

Schlobinski, Peter (1987): *Stadtsprache Berlin. Eine soziolinguistische Untersuchung*. Soziolinguistik und Sprachkontakt Band 3, Berlin/New York: Walter de Gruyter.

Schlobinski, Peter/ Dittmar, Norbert (1988): *Wandlungen einer Stadtsprache. Berlinisch in Vergangenheit und Gegenwart*. Berlin: Colloquium Verlag.

Schönfeldt, Helmut (2001), *Berlinisch heute: Kompetenz- Verwendung- Bewertung*. Sprache, System und Tätigkeit Band 36, Frankfurt am Main: Peter Lang GmbH.

Zimmermann, Clemens (2000²): *Die Zeit der Metropolen – Urbanisierung und Großstadtentwicklung*. Frankfurt am Main: Fischer Taschenbuch Verlag.

Internet-Literatur

Abschriften- Geht ins Ohr. Bleibt im Kopf:
http://www.radiozentrale.de/print/aktuell/kampagne-pro-radio/radio-geht-ins-ohr-bleibt-im-kopf/funkspot-texte/, 27.04.15.

Berlin, Berlin: http://de.wikipedia.org/wiki/Berlin,_Berlin, 27.04.15.

Das Berlinische code- switching, Peter Schlobinski:
http://www.mediensprache.net/de/literatur/show.aspx?id=10723, 27.04.2015

Dialekt ist wieder in Mode, Brigitte Grunert: http://m.tagesspiegel.de/berlin/dialekt-ist-wieder-in-mode-die-berliner-schnauze-lebt/11439478.html, 25.04.15.

Dialekt nimmt wieder zu, Brigitte Grunert: http://m.tagesspiegel.de/berlin/dialekt-ist-wieder-in-mode-der-berliner-dialekt-nimmt-wieder-zu/11439478-2.html, 25.04.15.

Die Zeit, Isch Thomas Mann, Burkhard Strassmann:
http://www.zeit.de/2014/27/linguistik-sprachforschung-code-switching, 27.04.2015.

Duden: http://www.duden.de/rechtschreibung/Soziolekt, 26.04.2015

Entstehung Berlins: http://www.berlin.de/775/stadt-im-mittelalter/2724-2254-berlin-eine- stadt-entsteht.html, 27.04.15.

Forsa-Umfrage: http://gfds.de/epub/berliner_dialekt.pdf, 25.04.15.

Urbanisierung im Deutschen Reich, Klaus Strohmeyer:
https://www.dhm.de/lemo/kapitel/kaiserreich/alltagsleben/urbanisierung.html, 25.04.15.

BEI GRIN MACHT SICH IHR WISSEN BEZAHLT

- Wir veröffentlichen Ihre Hausarbeit, Bachelor- und Masterarbeit
- Ihr eigenes eBook und Buch - weltweit in allen wichtigen Shops
- Verdienen Sie an jedem Verkauf

Jetzt bei www.GRIN.com hochladen und kostenlos publizieren